AF266904

CONSEILS AUX OUVRIERS

SUR LEUR ATTITUDE

AU MOMENT DES ÉLECTIONS

POUR L'ASSEMBLÉE NATIONALE;

Par A. G.,

ANCIEN ÉLÈVE DES ÉCOLES NATIONALES D'ARTS ET MÉTIERS.

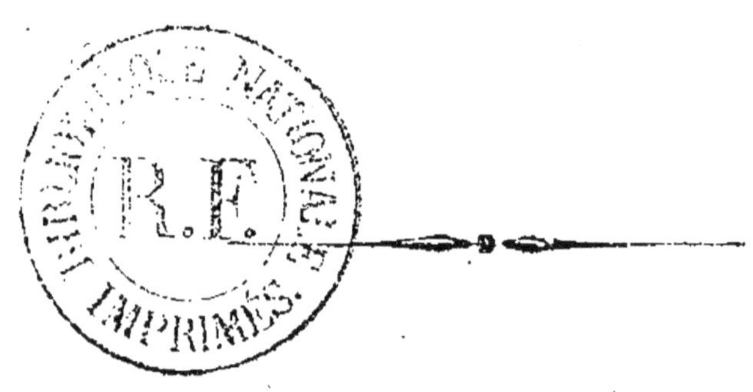

ANGERS,

IMPRIMERIE DE COSNIER ET LACHÈSE,

RUE CHAUSSÉE SAINT-PIERRE, 13.

—

1848.

AUX OUVRIERS.

Ces conseils vous sont adressés par un homme qui sait et qui comprend tous vos besoins, qui voudrait toujours et partout vous être utile. Lisez-les donc avec attention, et si vous ne profitez pas complétement des enseignements qu'ils vous donnent, reconnaissez au moins qu'ils sont dictés par les plus sincères intentions.

Que d'autres, plus habiles que lui, viennent vous parler de cette même et brûlante question, écoutez-les encore, écoutez-les sans cesse.

Vous ne sauriez trop, aujourd'hui, comprendre vos droits et vos devoirs.

Pour exercer noblement les uns et les autres, instruisez-vous et pensez que l'avenir vous attend.

DE L'ATTITUDE DES OUVRIERS

AU MOMENT DES ÉLECTIONS.

Ouvriers,

Qu'il soit permis à un de vos amis, qui a constamment vécu avec vous, et dont les travaux vous ont été souvent consacrés, d'essayer à vous faire partager sa pensée sur l'attitude que les événements vous amènent aujourd'hui à prendre en face de l'avenir plein d'espoir qui vous est ouvert.

Oui, une ère nouvelle commence pour vous ! La République, en brisant les derniers liens qui vous rivaient à un passé rétrograde, vous apparaît pleine de promesses sincères et solides. Vous allez vivre enfin comme tous les heureux de la richesse et du pouvoir, de votre vie de citoyen. Vous aurez à vous vos opinions, vos pensées, vos droits, votre devoir ! tout cela se fera jour désormais; et juges souverains à votre tour, vous jeterez dans la balance vos cent mille voix, et vous appellerez à représenter vos intérêts, les hommes de votre choix, les hommes dont les destinées liées avec les vôtres doivent former entre eux et vous une chaîne aux anneaux fermes et durables.

Les élections qui s'annoncent vont être amenées à confirmer l'organisation du gouvernement républicain, celui que vos vœux devaient choisir, que vos sympathies devaient appeler.

Par le nouvel ordre de choses, vous allez voir s'agiter sous vos yeux les mille combinaisons que des cœurs généreux, devançant les événements, ayaient déjà proposées pour vous. L'organisation du travail, l'association fraternelle, l'abaissement de la concurrence, les droits sacrés de pétition et de défense publique de vos légitimes intérêts, vos droits complets de citoyens, en un mot, vont enfin, quittant le pays des *rêves*, des *utopies*, descendre et se débattre dans l'arène d'où on les a rejetés si longtemps. Le débat sera grand, digne de vous, digne du monde! Ses fruits ne seront pas stériles, soyez-en sûrs! Aujourd'hui que la coupe est remplie, elle se videra jusqu'au fond, et la révolution qu'on a faite pour vous, on l'achèvera pour vous. Après avoir tant prêché l'émancipation des ouvriers, l'anéantissement des pauvres, ceux qui se sont constitués vos défenseurs ne vous abandonneront pas. Ce serait lâche, ce serait infâme, et celui qui s'est dit votre ami ne peut être ni lâche, ni infâme.

Les neuf cents députés qu'attend l'Assemblée nationale auront pour vous neuf cents cœurs d'amis, neuf cents voix pour vous défendre et vous soutenir. Il n'en peut être autrement, et quelles que soient les passions, les opinions, elles doivent toutes, cette fois, s'incliner devant votre avenir si longtemps obscurci par un passé de travail et de souffrance.—C'est honteux à dire, mais c'est ainsi : il est temps enfin qu'on s'occupe de vous! —N'accusez pas pourtant d'un oubli si long, d'une injustice aussi imméritée, les hommes qu'un destin immuable a plus favorisés que vous, et dont la part en ce monde est plus large que la vôtre. Jamais, à aucune époque de l'histoire de l'humanité, le sort des travailleurs n'a été l'objet de plus vives et de plus profondes sympathies. La charité armée de toutes ses ressources, revêtue de toutes les formes, est venue bien des fois secourir vos misères, interroger vos besoins. N'est-ce pas pour vous qu'on a fait les crèches, les salles d'asile, les écoles élémentaires, les ateliers de travail, symboles précurseurs de tout le bien qu'on vous voulait et que les événements vont permettre de réaliser aujourd'hui? N'est-ce pas pour vous qu'on a créé les caisses d'épargnes où vos droits seront sauvegardés, quoiqu'on ait pu vous dire.

Vous le savez bien, on a beaucoup fait pour vous, et le dévouement de vos frères en humanité n'a pas toujours été stérile. — Ce n'était pas assez pourtant, le présent nous l'affirme ; mais sous un pouvoir qui n'est plus, l'initiative qui devait venir d'en haut, était restée stationnaire, et les cœurs dévoués qui avaient osé devancer pour vous les décrets de l'avenir et vous prédire des destinées meilleures, on les avait honnis, conspués, poursuivis.

Aujourd'hui, ce sont ceux-là qui doivent vous aider et qui vous aideront à mettre en pratique les théories généreuses qu'ils vous ont enseignées. Ces théories, rêves impossibles hier, s'offrent à vous aujourd'hui n'attendant plus que le sacre de l'application. Là s'élèvent, vous n'en doutez pas, de vastes et complexes difficultés. Tous, vous n'êtes peut-être pas préparés à recevoir le baptême de l'émancipation, qui va trancher vos droits et compléter les éléments de votre participation à l'égalité commune. La société, telle qu'elle est instituée à présent, ne peut pas se plier d'un seul coup à toutes les réformes qui vous sont promises ; ses bases, depuis si longtemps affermies, ne pourraient pas se briser sans danger, et la plaie serait grande pour tous si l'on tentait de l'ouvrir violemment dès aujourd'hui. Il vous faudra attendre, peut-être bien des jours encore, avant que l'organisation actuelle, bouleversée par des principes nouveaux, ait atteint le sommet régénérateur qui lui est posé. Il est facile, vous le savez tous, de déranger un corps en équilibre. Mais qu'il faut de temps ensuite pour replacer le centre de gravité sur la ligne qu'il vient d'abandonner.

C'est la position dans laquelle va se trouver, pour un temps, notre état social. Pour vous faire place à tous au grand banquet de la vie, il va falloir nous serrer bien près les uns des autres, et nous ne nous serrerons pas sans danger, ni fatigue. Tant d'intérêts divers sont aujourd'hui si fixement assis sur leurs bases, qu'il sera difficile de les isoler pour faire place aux vôtres et pour n'en former qu'un faisceau après les avoir réunis tous.

Tout cela se fera pourtant, non pas sans une peine profonde pour les positions solidement édifiées et sur les ruines desquelles vous bâtirez les vôtres; mais l'égoïsme et l'individualité s'abaisseront devant la sainteté de vos droits, les honnêtes gens (et ils ne sont pas si rares qu'on a pu vous le dire) seront avec vous, et Dieu aidant,

Dieu dont la protection semble ici s'interposer pour vous, vous atteindrez enfin ce mythe si souvent promis, la réalisation sincère de cette devise : *liberté, égalité, fraternité,* qu'on a tant de fois fait briller à vos yeux, et qui vient de s'implanter au milieu de nous, il faut l'espérer, pour une dernière et éternelle période.

Mais il faut que nous arrivions à ce but de tous nos efforts communs, la régénération de notre société moderne et l'union fraternelle de la grande famille française ; il faut que nous arrivions avec calme, avec ordre, sans haine et sans passion. Il faut de part et d'autre que nous sachions attendre, que nous donnions le temps aux événements de s'accomplir, que nous vivions en paix partout et toujours.

Vous sentirez, vous auxquels les droits dont on vous a privés n'ont pas ôté le cœur et l'âme, vous sentirez, vous qui êtes Français et dont la droiture, l'équité et la raison sont proverbiales, vous sentirez que la haine et la passion ne doivent pas prendre place à nos discussions. Notre honneur national est un bien qui nous est cher à tous, ouvriers ou maîtres, pauvres ou riches, et nous ne le souillerons pas par le contact de la guerre civile et de l'anarchie.

Que nous faut-il à tous, la paix, la tranquillité

produite par le travail et la concorde. A vous, une participation plus juste et plus équitable au mouvement immense vers lequel nous sommes entraînés ; aux autres, la sécurité, la garantie des droits acquis et légitimes.

Quel que soit aujourd'hui le pivot individuel autour duquel chacun de nous se meut, nous avons tous, pour arriver au but, un égal besoin les uns des autres.

Les capitaux que le travail, les hasards de la fortune ou les ricochets de l'héritage ont jetés en des mains autres que les vôtres, impliquent à ceux qui les ont une possession juste, invariable, qu'aucune loi humaine ne saurait songer à discuter, sans jeter à travers le monde la terreur et l'anarchie. Le travail à vous, la puissance de l'exécution, voilà votre force, voilà votre soutien, et votre part n'est pas la moins belle.

Sans le travail, rien au monde; pas de société possible ; mais aussi sans les capitaux, suivant l'ordre actuel et immuable des choses, point de travail, ou au moins un travail impossible, improductif, conduisant à la faim et à la ruine.

Vous avez donc en votre présence deux grands moteurs réunis, le travail et le capital, qui ne peuvent subsister l'un sans l'autre, et que trop d'intérêts relient pour qu'un effort humain puisse jamais les scinder.

Le concours de ces deux principes doit progresser constamment d'une manière uniforme, et la puissance que vous avez dans vos mains viendrait à se briser si vous tentiez de la séparer de celle qui lui fait corps, et dont la vie est commune avec elle.

Vous avez vu vos droits; l'avenir vous apprendra à les connaître davautage. Pardonnez-moi de vous parler de vos devoirs et de vous en prouver l'importance.

Je sais par expérience tout ce qu'il y a d'âme et de dévouement chez le véritable ouvrier, l'ouvrier laborieux, honnête, qui connaît ses devoirs et sait les pratiquer. Et si je me permets de vous rappeler des devoirs, si je me permets de vous faire ressortir tout l'intérêt que vous avez à user sagement de votre position si forte et si sacrée de travailleurs, c'est parce que je veux prévenir en vous l'effet nuisible des mauvaises pensées que pourraient y verser à dessein des hommes passionnés, amis du désordre, partisans du trouble et de l'anarchie. Je sais bien qu'en cherchant à paralyser l'action d'un mal qui vous est encore inconnu, je n'ai pas devancé votre intelligence qui vous a déjà prémuni contre de honteuses et basses menées. Je sais bien que votre loyauté naturelle, que votre bon sens si connu, sauront vous mettre en garde contre des insinuations perfides, et j'ai confiance dans l'avenir.

Je vous parlais tout à l'heure de vos devoirs, et la longue digression que j'avais entamée, en vous parlant de vos droits, allait me faire oublier, sinon reculer bien loin le but des conseils que je voulais vous adresser. C'était justement à propos d'un droit qui vous est ouvert et par suite d'un devoir, car, en thèse générale, tout droit à exercer est immédiatement suivi d'un devoir.

Le droit donc, dont vous êtes investi tout d'abord et que la République, en consécration de son avénement, vous a donné à remplir, est évidemment le plus grand, le plus saint de tous ceux que vous allez avoir à exercer. De l'application de ce droit va découler pour vous la réalisation des nombreuses et promettantes réformes proposées pour vous. De la mesure que vous mettrez à exercer votre droit d'élection, en un mot, va dépendre tout le nouvel avenir qui vous est réservé.

L'Assemblée nationale que vous allez nommer va poser les bases de la Constitution nouvelle qui doit vous être si favorable. Des discussions im-

*

menses qu'elle va soulever, naîtra tout l'ordre de choses qui doit vous assurer votre place irrévocable, ramenée au niveau de tous sur les degrés de l'échelle sociale.

La composition de vos représentants est pour vous, acceptez ce mot qui caractérise franchement ma pensée, une question de vie ou de mort; — de vie, si vous choisissez des hommes d'un caractère honorable, indépendant, des hommes qui vous aiment et qui sachent au besoin se sacrifier pour vous qui n'avez jamais tant eu besoin de dévouement à exiger; — de mort, si vous allez chercher des hommes ambitieux qui vous ont trop souvent délaissés et qui veulent un mandat pour eux-mêmes, non pour vous.

Faites aussi un choix bien réfléchi entre la capacité intelligente et la nullité qui se cache derrière des promesses qu'elle ne peut tenir. Ne vous laissez pas séduire par de grands mots et prenez des hommes capables de soigner vos intérêts, parce qu'ils connaîtront tous vos vœux, tous vos besoins. Que la haute position acquise et la richesse ne vous dominent pas. Loin de moi à jamais de vous jeter des préventions contre les riches, mais regardez à deux fois avant de choisir un de ces heureux de la terre pour faire vos affaires. De la richesse acquise se déduit souvent la paresse, au moins le dédain des choses laborieuses, et votre mandat veut un zèle, une activité, un dévouement sans cesse renouvelés.

Si vous rencontrez des hommes actifs, énergiques, capables, et cependant bien partagés de la fortune, comme on en rencontre encore heureusement tous les jours, donnez vos préférences à ceux-là, s'ils vous promettent qu'ils travailleront pour vous.

Défiez-vous des positions faites ou à faire ; les positions faites engendrent fréquemment la stérilité ; celles à faire, l'intrigue.

Mêlez vos choix, et envoyez avec les hommes d'étude, de talent, de parole, des hommes de pratique et d'action. Une assemblée d'orateurs remplirait mal vos espérances, une assemblée de travailleurs sans la parole qui discute et qui éclaire n'atteindrait pas votre but. Des discussions qui vont s'agiter jaillira pour vous tout un faisceau de grands et heureux résultats, si ces discussions sont habilement tempérées et ne s'exaltent pas jusqu'à la passion.

De nombreuses théories vont lutter, toutes parées pour le combat de leurs sourires les plus séduisants, de leurs promesses les plus brillantes, il faut que la pratique sévère les saisisse dans leur course entraînante, et à l'aide de la réalité les ramène à leur juste valeur.

Des gens de théorie, vous n'en manquerez pas! Qui n'a construit aujourd'hui ses théories! Des gens de pratique et d'application vous en trouverez peu. Ce serait surtout parmi les vôtres, parmi ceux qui ont souffert et travaillé comme vous que vous devriez les chercher.

Mais là, les recherches sont pénibles, difficiles; elles conduisent à un abime bien grand, où l'illusion et la prévention peuvent vous entraîner.

S'il ne s'agissait que de choisir entre vos égaux, parmi vos chefs, votre choix serait bientôt fait. Vous les connaissez tous, et votre loyal bon sens ne saurait vous mentir. Mais on vous offrira des hommes à vous inconnus, des hommes dont on vous vantera les actions, les talents. C'est fâcheux à dire, mais il y a encore par le monde des gens intéressés à vous tromper, et qui sans doute vous tromperont, si vous vous jetez à eux trop aveugles et trop confiants. Craignez, dans les hommes qui se présenteront à vos suffrages et que vous devrez choisir entre les vôtres, de vous mettre au service d'un système de cupidité qui tendrait à vous exploiter. N'envoyez pas à Paris des gens pour y faire leurs affaires personnelles ou pour y vivre tranquillement des 25 francs par jour que le Gouvernement leur accorde.

Cette rémunération, justement prévue par le décret qui détermine la forme des élections, a été donnée pour ceux d'entre vous qui seront dignes de vous représenter et dont la position ne permettra pas les dépenses d'un séjour à Paris. Rappelez-vous donc qu'indemnité juste pour un député laborieux, elle serait injuste et impossible pour un représentant paresseux et nul qui compterait s'en faire une sinécure.

Je le reconnais avec vous, votre devoir aujourd'hui est aussi difficile à remplir qu'il est grand à exercer. C'est la première fois que vous êtes appelés à user de vos armes pacifiques de citoyens, et vous ne savez pas encore vous en servir. Une autre fois vous serez plus aguerris, et à la longue vous vous ferez à ces luttes d'élections que vous ne comprenez pas tous encore, mais que vous devez vous hâter de comprendre, parce qu'elles sont pour vous l'élément le plus certain de votre principe vital.

Plus tard, les rubriques de l'élection vous deviendront familières, et votre action aura atteint toutes les limites de sa grandeur et de son indépendance. Aujourd'hui, nouveaux adeptes d'une science nouvelle, vous avez besoin d'enseignements et de conseils; la voie large et imprévue qu'on vient de vous ouvrir n'est pas sans ronces et sans pierres; il vous faut des mains amies pour guider votre inexpérience. Puissiez-vous en trouver, car votre part de responsabilité, que vous n'avez reçue qu'hier, est déjà grande et imposante.

La République qu'a fait naître une des révolutions les plus inouïes qu'on ait vues, a déjà jeté partout le sol français de profondes racines; vos cris de joie et d'espérance l'ont accueillie à son passage, l'ont reçue sur cette route immense qu'elle vient de traverser comme la lumière traverse l'espace.

A peine vous essuyez vos yeux qu'un éclair vient d'éblouir, que déjà on vous appelle. La République compte sur vous; elle a besoin de vous pour alimenter sa sève et assurer son baptême. Ne lui faites pas défaut! je vous le répète encore, c'est votre droit, c'est votre devoir.

Venez à elle, armés de toutes les ressources de votre intelligence, de toutes les forces de votre volonté. Et pour être forts, puisqu'il faut que vous soyez forts, ne vous laissez ni tromper ni séduire.

La séduction ne vous apparaîtra pas brusquement, brutalement! Qui serait assez maladroit pour tenter, par un appât ouvert, vos susceptibilités si honnêtes et si dignes?

Ce n'est pas hardiment que la corruption éhontée tentera de vous saisir; ceux qu'elle a rongés jadis n'avaient ni votre cœur, ni votre nature. Hommes tarés déjà, corrompus par avance, l'exercice de leur droit, droit de privilége et d'injustice, n'était qu'une affaire de commerce et de lucre.

Vous n'avez pas besoin, vous, de vendre un vote qu'on ne saurait d'ailleurs vous payer cher. Il faudrait trop acheter aujourd'hui, et la marchandise, chose étrange qui vous est due, en se multipliant, est devenue plus rare. Que vous donnerait-on en échange de votre vote qui seul est impuissant, qui, réuni à ceux de vos frères en travail, est immense, à peine de quoi couvrir la misère d'un ou deux de vos jours de souffrance. Eh!... puisque vous êtes à souffrir, vous qui avez déjà tant souffert, souffrez donc un jour de plus et gardez votre honneur, gardez votre liberté.

Mais ce n'est pas par l'appât d'un gain grossier, d'un salaire ignoble qu'on essaiera de vous entraîner. Il suffisait à peine de vous le dire.

Si l'on vous séduit, on emploiera la ruse, on vous prendra par vos besoins, par vos passions bonnes ou mauvaises. On vous saisira par l'amour que vous portez à vos enfants, par les affections de la famille ; et la séduction bien tentante parce qu'elle s'adressera aux sources de votre cœur, parce qu'elle fera mouvoir les fibres de votre âme, vous apparaîtra les yeux souriants, la parole entraînante. Craignez, craignez les promesses qu'elle vous apportera, et rappelez-vous sans cesse qu'elle est armée de ces promesses pour diriger contre vous une guerre sourde, acharnée, d'autant plus à craindre qu'elle s'abrite sous le voile de vos plus nobles mobiles.

On vous saisira encore, et là, l'entraînement, pour être plus visible, n'en est pas moins rapide et dangereux, on vous saisira, dis-je, par l'attraction de vos pensées mauvaises.

C'est à l'auberge, c'est au cabaret, c'est au café qu'on viendra vous parler de vos droits politiques et vous indiquer la manière de les exercer. Le vin est un mauvais conseiller ; les avis qu'il donne n'ont jamais été bons, et plus d'un honnête homme entré au cabaret la conscience tranquille, l'esprit libre, la tête saine, en est sorti chargé de remords et accablé d'ennuis.

Combien vous regretteriez un instant d'ivresse, si cet instant avait suffi pour déranger vos bonnes pensées, pour vous lancer dans une voie fâcheuse. Le vin que vous boiriez en compagnie d'un ami, dans vos jours de gaîté et d'épanchement, vous paraîtra bon, même suivi de l'ivresse, si vos pensées vous restent pures; vous le trouverez amer, si vous le devez à la séduction, et si en l'acceptant vous vous êtes imposés des obligations insensées.

Défiez-vous donc, défiez-vous de toutes les ruses que bâtira l'intrigue pour vous surprendre et vous enrôler sous des drapeaux qui ne seront pas les vôtres.

L'ouvrier qui raisonne, l'ouvrier qui veut agir de sa propre impulsion, trouve dans sa conscience même la force et l'énergie nécessaires pour combattre et vaincre la séduction. Et si quelques-uns des vôtres éblouis, étourdis un instant, penchaient à s'écarter de la ligne commune, ils auraient certainement autour d'eux assez d'amis, assez de frères qui sauraient les sauver du péril.

Vous avez d'ailleurs, pour vous éclairer sur les choix qui vous seront soumis, assez de mains tendues vers vous qui vous soutiendront, assez de bouches ouvertes pour démasquer et déjouer l'intrigue.

Qui d'entre vous n'a pas autour de lui un chef, un patron, un ami pour lui donner un bon conseil? Qui d'entre vous ne connaît pas au moins quelques honnêtes gens éclairés qui s'empresseront d'affermir ses convictions et d'assurer son opinion?

N'avez-vous pas dans vos rangs des ouvriers, hommes d'une rare intelligence et d'une rare finesse que la nature, à défaut d'éducation, leur a données. Croyez ceux-là, sur ma parole, car vous trouverez chez eux un guide sûr et fidèle.

Si l'intérêt leur a fait déserter leur conscience, si la passion les a écartés d'une voie loyale, vous les reconnaîtrez bien vite à l'hésitation de leurs conseils, à l'obscurité de leurs paroles; si la conviction existe chez eux, s'ils obéissent à la voix du bon mouvement, vous les verrez apôtres exaltés vous faire accepter leurs idées avec toute l'ardeur d'un cœur sincère.

A ces symptômes, je vous le repète, vous reconnaîtrez sans hésiter la voie qui est la vôtre.

N'avez-vous pas encore pour vous instruire, le droit de réunion et celui de libre discussion?

Tous réunis pour exprimer mutuellement vos pensées, vos désirs, vos vœux, il vous est si facile, rien qu'au coup-d'œil, rien qu'aux premières paroles qui vous sont dites de séparer l'ivraie du bon grain, de trouver, de compter les vôtres, en un mot.

Ne laissez pas s'insinuer parmi vous des ambitieux ardents qui vous entraîneraient bientôt hors

des limites raisonnables que vous devez vous tra-
cer. Si vous voulez sincèrement la République,
si vous voulez jouir de tous les biens légitimes
qu'elle vous promet', prenez garde d'introduire
au milieu de vous des faux-frères, défenseurs d'un
autre ordre que le vôtre, soutiens jurés des partis ennemis.

Je ne voudrais pas vous conduire à travers les
sinuosités fatales du doute et de la méfiance.
Mais mon Dieu, vous serez entourés de tant d'ob-
sessions, de tant de soins intéressés jusqu'au moment où l'on aura pu vous arracher une promesse,
une certitude, qu'il faut à tout prix découvrir la
plaie à vos yeux et vous la mettre à nu.

Aussi bien, plus vous vous montrerez dé-
fiants, plus on tiendra à vous convaincre et plus
on prendra soin de vous éclairer et de vous instruire. Vous apprendrez ainsi à juger vos hommes;
c'est en vous mêlant et en discutant avec eux que
vous saurez les connaître.

La République doit s'établir; elle est nécessaire;
elle est utile! Plus d'opinions qui vous rappellent
un passé dont vous ne voulez pas.

Sachez vous entourer d'hommes franchement
républicains qui s'allieront nettement à vous.

Point de pensées rétrogrades! ceux que vous
choisirez doivent partager fermement vos croyan-

ces, et républicains de la veille, ou républicains du lendemain, être désormais pour toujours, patriotes sincères et amis dévoués de l'état de choses qu'ils ont adopté.

Souvenez-vous qu'il ne peut plus exister en France de légitimistes, de bonapartistes, de philippistes, en un mot, de partis tranchés ; tous doivent se réunir devant un centre commun, l'amour de la patrie et le respect à un gouvernement que tous ont admis et qui est aujourd'hui le seul praticable, le seul possible.

N'accordez donc votre appui qu'à ceux qui voudront clairement, sans détours, sans arrière-pensée, ce que nous devons tous vouloir. Au sein de l'Assemblée nationale que nous attendons, on ne doit trouver sur les questions d'ensemble, sur les questions capitales, qu'une masse compacte, majorité sans minorité, mue par un même sentiment de l'amour de l'ordre et du bien public. Point de partis rattachés aux choses absentes, point de divisions à propos des personnes ! Que la discussion se porte sur les faits ; que l'organisation des lois se pratique loyalement, sincèrement ; que la vérité et la justice viennent apporter leur lumière sur toutes les questions qui vous intéressent : voilà ce que vous devez demander !

Tels sont les sentiments que vous devez apporter dans vos assemblées, telles sont les idées que vous devez trouver exprimées dans toutes les bouches. Celui qui vous tiendrait un autre langage, vous ferait douter qu'il est votre ami.

Apportez aux réunions où vous allez tout le calme, toute la tranquillité nécessaires à des hommes qui viennent discuter librement les graves questions de leur avenir. Ne vous laissez pas entraîner à la passion et ne donnez pas à ceux qui vous contemplent le droit de nier les bonnes intentions qui vous animent.

En ouvrant des clubs, on a réveillé avec eux de tristes souvenirs, de regrettables désordres. Les esprits sont inquiets, et la peur que grossit encore ce mot qui rappelle de si grandes douleurs, domine assez pour qu'on se tienne en garde contre des institutions qui ont jadis enfanté tant de misères. C'est à vous, hommes de 1848, à faire voir que vous avez suivi la marche des temps, et que vous êtes aujourd'hui trop sages, trop amis de l'ordre et de la paix, pour vouloir régner par la terreur.

Le règne de la force matérielle est passé; on vous le prouve, puisqu'on veut vous mettre à même de lutter à l'avenir avec les ressources de l'intelligence. Les institutions que vous voulez, vous les voulez libres, justes, mais pacifiques ; et

d'opprimés, vous ne voulez point devenir oppres-
seurs.

Non, vous n'irez point aux clubs donner cet
exemple de luttes acharnées, de passions désor-
données, de trahisons ignobles, que la première
révolution nous a montrées. Non, vous n'irez pas,
au lieu de vous occuper sérieusement de vos affaires, porter aux clubs des dénonciations honteuses, des accusations impies, des motions à la
fois ridicules et terribles. Non, vous n'irez pas de
gaîté de cœur et de tranquillité d'esprit vouloir le
bouleversement et la ruine de la société qui vous
donne la vie en échange de votre travail. Que
vous servirait-il de couper par le pied l'arbre
dont vous êtes une des branches? que vous servirait-il de saper par la base l'édifice commun
qui vous abrite?

Plus vous apporteriez dans les clubs de passions
ennemies, de désordres, de luttes, plus vous ver-
riez se retirer de vous les mains qui vous sou-
tiennent, et plus vous avanceriez la ruiné du
crédit public sans lequel il n'est point d'existence
possible.

En restant, au contraire, personnages laborieux
et paisibles du grand drame qui se joue et dont
le dénouement fait d'avance tressaillir tant de
cœurs, vous aidez à ramener l'espérance dans les

esprits, à soutenir le courage de tous. Avec la confiance reviendront les capitaux qui s'éloignent et disparaissent sous l'empire de la peur ; et avec les capitaux le travail que l'anarchie ferait cesser.

Vos intérêts, vous le voyez, vous commandent une attitude calme, expectante et rassurée.

Celui qui, parmi vous, voudrait qu'il en fût autrement, serait un perturbateur que vous ne devriez pas tolérer. Vous en feriez justice à l'instant, et vous sauriez le chasser honteusement, violemment, comme un loup féroce introduit parmi vous.

Si vous fréquentez les clubs, sachez choisir les hommes qui doivent vous présider et diriger vos travaux. Dites-vous que tout citoyen n'est pas digne de marcher à votre tête, qu'armés de votre honneur, de votre moralité, de votre probité, vous avez le droit d'exiger d'égales qualités chez celui qui doit vous représenter.

Ce que j'allais vous dire, ce que je devais vous dire à ce sujet, je le trouve à l'instant sous ma main dans un article de journal.

Je n'ai pas l'honneur de connaître celui qui a écrit cet article ; mais c'est certainement un homme de cœur qui vous aime, qui vous veut du bien. Je ne pourrais trouver de plus chaudes paroles et je me fais un devoir de vous les citer.

« Ouvriers, si vous voulez vous affilier aux associations et fréquenter les clubs, écoutez ce conseil.

Demandez-vous quels sont les chefs de ces réunions, examinez ce qu'ils valent, pesez bien leur moralité.

Cet orateur, qui prend la parole pour enseigner au peuple ses droits et ses devoirs, quel est-il ?

Est-ce un citoyen honnête, laborieux, qui a su s'attirer l'estime de tous ? écoutez-le et discutez avec lui.

Est-ce un homme d'honneur, dont la vie privée est irréprochable, dont chacun connaît les vertus ? écoutez-le et examinez si son esprit ne s'égare pas.

Est-ce un homme dont le talent et le caractère sont connus et appréciés de tous, dont la vie publique est pure, dont le dévouement à la patrie a été éprouvé ? écoutez-le et voyez si la sagesse et la modération inspirent ses paroles.

Mais s'il se présente, pour vous apprendre vos devoirs, des hommes qui n'ont pas su remplir les leurs, qui ont passé leur vie dans l'oisiveté et dans la débauche, fermez vos oreilles et fuyez-les.

S'il se présente, pour vous expliquer vos droits, des hommes perdus de dettes ou dont la vie privée a été telle qu'ils ont eu des démêlés avec la justice, fermez vos oreilles et fuyez-les.

S'il se présente enfin, pour vous pérorer, des hommes qui ont été inhabiles à conduire leurs propres affaires, ou des hommes qui, dans leur profession, n'ont jamais pu se faire distinguer par leur talent ou se faire estimer par leur moralité, fuyez-les, fuyez-les, fuyez-les.

Comment, en effet, ceux qui n'ont pas su conduire leurs affaires pourraient-ils vous enseigner de quelle manière doivent se conduire les affaires publiques?

Comment un débauché vous apprendrait-il à être moral?

Comment un paresseux vous apprendrait-il à être laborieux?

Comment, celui auquel manquent toutes les vertus privées et publiques, vous apprendrait-il à pratiquer ces vertus?

Si de tels hommes parlent, c'est qu'ils sont poussés par de mauvaises passions ou de misérables ambitions; leur parole est empoisonnée.

Vous pouvez donc aller au club, mais quand un homme se lèvera pour parler, avant de l'écouter, sachez qui il est, d'où il vient, ce qu'il vaut.

Si c'est un homme de bien, honnête, irréprochable, écoutez-le.

1 *

Si c'est un homme taré, un citoyen véreux, un ambitieux faisandé qui cherche à se refaire et à se pousser, sifflez-le ou fuyez. »

Qu'ajouter à ces enseignements si justes et si sévères ? Vous dire de vous tenir en garde contre la parole trop ardente, l'ergotisme, la discussion passionnée et prévenue ! Vous entendrez, vous comparerez et vous jugerez ! Vous dire de peser à leur valeur exacte, les conseils intéressés, les demi-mots sans intention ouverte et cependant lancés pour vous entraîner et vous séduire; vous dire de juger et d'agir autant que possible par vous-même suivant l'impulsion de votre conscience et de votre bon sens ! Tout cela vous le ferez, car vous avez aussi votre expérience et vous connaissez les hommes.

Si vous avez la conviction intime que vous pouvez vous guider vous-mêmes, que vous n'avez pas besoin des conseils étrangers et de l'enseignement des clubs, agissez hardiment, car vous serez dans le bon chemin et la voix de votre cœur sera la meilleure.

Laissez alors à d'autres le soin d'entretenir la discussion au sein des clubs; restez chez vous, faites vos affaires, poursuivez votre travail, et, au moment du vote, soyez là prêts à exercer votre droit en honnête homme, en loyal citoyen.

Que vous font, si vous êtes instruits, les discussions du club, qui ne vous éclaireront pas davantage. Toutes les fois qu'un ouvrier, en dehors de ses droits à exercer, peut s'écarter de la politique, il fait bien, son travail y gagne. A d'autres les agitations, les angoisses de la vie publique, à vous la paix après le travail, le repos dans la famille.

Si tous, vous connaissiez vos droits et vos devoirs, je vous dirais aussitôt : fermez vos clubs ; allez à l'atelier. Et j'aurais raison, car le travailleur ne peut être dérangé dans sa marche laborieuse que par le repos et la fête qui lui font oublier ses jours de fatigue. Les clubs, pour vous, c'est encore un ennui, c'est encore un travail.

Espérons qu'un jour viendra où vous pourrez vous en passer, où il vous suffira d'une ou deux réunions solennelles pour décider vos élections, pour fixer vos opinions sur les hommes auxquels vous confierez vos pouvoirs.

Jusque-là apprenez vos droits, essayez vos premiers pas dans la nouvelle voie qui s'offre à vous et songez d'abord à votre premier choix dont la responsabilité est si vaste.

Jusque-là vivez en paix, dans l'espérance des destinées plus heureuses qui vous attendent ; supportez encore votre fardeau que vous n'avez plus longtemps à porter, et souvenez-vous toujours que la République n'est pas un symbole de terreur et d'opprobre, qu'elle ne recommaude pas la guerre civile et l'anarchie, mais qu'elle est aujourd'hui, avec les habitudes passées dans nos mœurs, le point de contact de tout travail et de toute intelligence, la promesse d'un échange cordial de relations fraternelles entre tous les citoyens, enfin la garantie d'un avenir plus heureux et plus rassurant pour vous.

Jusque-là, encore une fois, soyez fermes et attendez avec patience l'avènement du sort meilleur qui vous est promis.

Votre partie est belle ; ne la fiez pas aux chances d'un coup de dé ; sachez attendre pour l'emporter d'emblée et avec tous les honneurs de la guerre.

A ceux qui souffrent, l'attente est une douleur de plus, que l'avenir inscrit et dont il tient compte.

La précipitation conduisant à la révolte et au trouble, loin d'appuyer vos droits, les défendrait mal aux yeux des gens honnêtes. Bien des sympathies craintives se retireraient de vous, et, pour avoir voulu marcher trop vite, vous resteriez en arrière.

Tous les jours vous voyez des flots en furie se briser contre la barrière insurmontable du rivage. Si leur action est lente, mais incessante, modérée, mais continue, ils gagnent bientôt du terrain et ils acquièrent ce que la violence ne leur aurait pas donné.

Telle doit être votre action, à vous hommes épuisés la veille et qu'un lendemain meilleur attend.

Sachez marcher à la conquête de vos privilèges si sacrés en hommes forts et convaincus; mais souvenez-vous que votre force vous rappelle la modération; votre conviction l'attente.

Que vous dire de plus! Ne rêvez pas des désirs qui ne pourraient s'accomplir.—Voyez vos droits, mais n'allez pas au-delà.

Craignez, je ne saurais trop vous le redire, les suggestions perfides qui tendraient à vous pousser en avant et à vous faire marcher d'une impulsion qui ne serait pas la vôtre. — Vous aurez autour de vous des hommes qui, dans leur intérêt privé, essaieront de vous faire partager leurs passions, servir leurs projets. C'est en assimilant vos intérêts aux leurs, en feignant de partager vos douleurs, qu'ils tenteront de vous entraîner, sauf à détruire plus tard les moteurs dont ils se seront servis.

Sachez les distinguer, et rappelez-vous que ces hommes-là, mieux partagés que vous par la ruse et par l'habileté du monde, ne vous serviront pas pour vous, mais pour eux; et qu'instruments dans leurs mains vous serez brisés après la victoire, sacrifiés après la défaite.

Trop souvent le peuple a été le jouet des passions d'intrigue et d'ambition qui l'ont entraîné, poussé vers le trouble, et qui l'ont abandonné au moment du danger.

Vous êtes trop éclairés aujourd'hui pour agir autrement que par vous seuls et pour vous seuls, appuyés désormais sur la force morale de vos droits, de l'équité et de la raison.

Salut et fraternité.

A. G.

Un dernier mot.

Tout le monde s'occupe de vous; mes conseils dictés par un intérêt sincère ne sont pas secondés par ma parole, comme mon cœur le voudrait pour une cause aussi belle que la vôtre.

D'illustres écrivains, voués à vous, vous consacrent en ce moment l'appui sympathique de leur talent.

Lisez-les!... qu'ils vous guident! qu'ils vous inspirent!

Mais laissez-moi, pour finir mon œuvre, vous citer une page, une seule page, venue des vôtres, dictée par des amis pris dans vos rangs (1).

Cette page, méditez-là! des ouvriers comme vous l'ont tracée!

Qu'elle puisse compléter ma pensée! qu'elle serve à vous rappeler qu'à tous les points de la

(1) Cette lettre a été reproduite d'après le *Censeur de Lyon*, dans le journal le *Précurseur de l'Ouest*, le 16 mars 1848.

France, les cœurs s'éveillent à la voix sacrée de la patrie.

« Nous, ouvriers compagnons maréchaux, un moment enivrés par l'ère nouvelle, cédant à l'entraînement général, peu confiants après avoir été si souvent trompés, nous nous sommes joints à nos frères les travailleurs pour faire grève, afin d'obtenir une augmentation de salaire, bien méritée pour nous par le savoir, l'intelligence et l'assiduité qu'exige le genre de service que nous rendons à la société, par la rudesse excessive des travaux de notre art autant que par les dangers auxquels ils nous exposent. Mieux éclairés, plus rassurés par la voie dans laquelle est entré le gouvernement, nous retournons spontanément à nos travaux journaliers, fiers d'être les enfants d'un pays qui tient vis-à-vis de l'étranger un langage aussi noble, aussi franc et aussi digne que celui exprimé par le manifeste de notre ministre des affaires étrangères. Non, un pareil gouvernement ne peut pas faillir à l'humanité. Effrayés nous-même des embarras sans nombre que doit rencontrer l'établissement d'une République basée sur des principes de justice et de fraternité, nous ne les augmenterons pas par un sot amour-propre.

» Nous supplions tous nos frères des autres corps d'état de nous imiter. Unissons-nous tous pour prouver que, si l'instruction nous manque encore, le bon sens nous guidera vers l'ordre, seule planche de salut pour notre pays, que nous aimons avant nous. Patience donc, frères! patience! Ce n'est pas la rudesse de nos travaux qui nous effraie, ce ne sont pas les dangers non plus; nos vies comme nos bras et nos sueurs appartiennent à la France, qui semble luire aujourd'hui d'une clarté nouvelle pour le salut des peuples. Elle fait justice en nous rendant nos droits politiques, source de toute amélioration raisonnable. Lui serons-nous moins dévoués que quand elle nous traitait comme des enfants déshérités? Nous nous unirons pour qu'elle jouisse du calme qu'elle réclame dans notre intérêt comme dans celui du monde entier.

» Ce que nous demandons, au nom de tous les travailleurs, ce n'est point la fortune des riches, ce n'est point l'oisiveté improductive pour le pays; c'est de jouir de la juste considération due aux travailleurs qui produisent la richesse des nations.

» Ce que nous demandons, c'est que les impôts pèsent principalement sur ceux qui ont le superflu et non sur nous qui avons à peine le nécessaire, sur ceux qui consomment, plus que sur nous qui produisons.

» Ce que nous demandons, c'est que ceux qui doivent nous remplacer aient l'instruction que nous regrettons, car seule elle établit une différence entre les hommes.

» Ce que nous demandons, c'est que le gouvernement prenne des mesures pour nous délivrer de ce fantôme hideux qu'on appelle la misère, et qui sans cesse menace les travailleurs après une vie de labeurs et de privations : qu'une somme minime soit versée par ceux qui nous emploient chaque jour, sans que pour cela il soit diminué sur nos salaires, et que cette somme serve à organiser, entre les mains du gouvernement, une caisse de retraite où la vieillesse et l'infirmité aient un égal droit ; que ceux qui meurent ou ceux que la fortune favorise laissent leurs droits à ceux qui sont moins heureux. Hommes de calcul et de cœur c'est à nous de trouver le chiffre de cette minime obole que doivent verser pour nous ceux qui nous occupent, pour que nous n'ayons jamais à tendre la main à la pitié, et qu'une existence digne, sobre, mais assurée, console notre vieillesse ou notre impuissance au travail.

» Nous comprenons, et nos frères le comprendront sans doute, que nous n'avons plus d'excuse en demandant aujourd'hui la menace à la bouche. Oui, nous comprenons, et tous nos frères le comprendront aussi, qu'en nous donnant à tous le droit de suffrage, nous n'avons plus de motifs à protester en refusant nos services à la société. Reprenons tous nos travaux, respectons les autorités d'un pays qui cherche des lois égales pour tous ; nommons de bons représentants qui fassent respecter nos droits, et inclinons-nous fièrement devant les suffrages de la majorité, même devant les erreurs qui tiennent à l'imperfection humaine.

» Ceux qui ne comprendront pas ce langage seront indignes des droits qu'on leur rend, ceux-là seront les ennemis du nouvel ordre de choses, c'est-à-dire de la justice et de l'égalité. Frères, prenons-y garde, les millions de l'absolutisme nous menacent ; ils n'ont de force que par le désordre et l'anarchie ; ils prendront toutes les formes pour nous l'inspirer.

» Prenez-y garde, frères, prenez-y garde, tous ceux qui vous prêchent le désordre sont leurs agents et les ennemis de la République, dont ils affichent les couleurs, dont ils empruntent le nom.

» Répétons tous, Français de cœur : Soumission au vote de la majorité, et guerre à la force brutale de l'oppression.

» La Guillotière, chez la mère, le 9 mars 1848.

» *Les compagnons maréchaux de Lyon,*

» CROS, LAGRANGE, GAUTIER, BASTON, DESPLACES, PELTIER, FONS, LECHÊNE. GARDUI, TROCHET, ARRAULT. »